発達障害のある子どもに寄り添う大切な「ミカタ」

鈴木徹

東洋館出版社

まえがき

私は、教員養成系の大学で特別支援教育を教えている研究者です。この分野を勉強し始めたのは、今から二〇年くらい前になります。

当時は、どんなに大きな書店でも、特別支援教育の専門書を探すのに苦労しました。それが現在では、発達障害や特別支援教育に関する書籍が数多く並べられるようになりました。メディアに取り上げられる機会も増えてきました。世間の関心の高まりを感じます。

二〇二二年に文部科学省が行った調査によると、小・中学校の通常の学級に在籍する児童・生徒の八・八％（一一人に一人程度）に発達障害の可能性があると言われています。

一〇年前に行われた調査では、六・五％だったので、二・三ポイント増加していることになります。現場の先生とお話をすると、「いやいや、もっと多いですよ！」という声が多数聞かれます。

発達障害のある子どもが増えているのかについて、ここでは言及しません。ただ、特別な支援を必要とする子どもたちと、その対応に困っている先生が増えてきていることは事実だと言えます。

職業柄、教育現場等を訪れることがあります。すると、障害特性というフィルターを通して子どもを捉えようとする支援者に出会うことが、以前よりも増えたように感じます。「この行動は、自閉症だと思う」「ＡＤＨＤだから離席してしまう」「この子は、絶対、学習障害だと思う」。そんな言葉を聞くと、「子どもの行動を障害特性に当てはめようとしているだけなのでは……」と思ってしまいます。

そういった支援者の多くは、「ＡＤＨＤに効果的な指導法を教えてほしい」「どのような声がけをすれば問題行動がなくなるのか」といった、ハウツーを求めてきます。「（支援者が）子どもの気持ちをつかめていないこと」が問題になることはありません。

発達障害のある子どもは、いろいろなことにつまずきやすいかもしれません。なかなか自分の気持ちを素直に表現したり、心を開いたりするのが苦手かもしれません。このような子どもたちを前に、支援者はどう対応したらよいのか悩むと思います。その気持ちはとても分かります。

しかしながら、だからといって、簡単に答えを出そうとする（ハウツーを求めようとする）のは安直すぎるのではないかと思います。もっと支援する者（教師や大人）が目の前の子どもをどのように捉えていけばよいのかを考える必要があるのではないかと、私は思います。

本書は、小・中・高等学校で目の前の子どもの対応に苦慮されている先生、また、これからの特別支援教育を担う大学生、放課後等デイサービスの職員に向け、「あたたかい子どもの見方（ミカタ）を持ち、子どもの味方（ミカタ）になってほしい」という願いを込めて執筆しました。

また、本書は、特別支援教育に関する知識の有無にかかわらず、できるだけ多くの読者に読んでいただくことを想定しております。そのため、専門用語を極力使用しないように配慮しました。

本書の構成について説明します。第Ⅰ章では、発達障害のある子どもとかかわる上で、大切にするべきポイントをいくつか紹介します。障害に関する知識などの類ではありません。支援者としての心構えのようなものになります。

第Ⅱ章は、これまで私が出会ってきた子どもたちとのかかわりを取り上げ、一つ一つ振り返っていきます。子どもの年齢や障害はそれぞれ違います。私の立場もそれぞれ（大学院生であったり、大学教員であったり）です。同じカタチは一つもなく、どの事例もユニークです。

なお、紹介する事例は、実際に起こった出来事に若干の脚色を加え、物語的に仕上げていることを強調しておきます。

目次

第Ⅱ章

子ども の「ミカタ」

第Ⅰ章

支援者が大切にすべき「ミカタ」

これまで私は、数名の子どもと、中・長期的にかかわってきました。学習支援を行うこともあれば、「遊び相手」としてとことん遊びに熱中することもありました。ときには、目の前で涙する子どもにかける言葉が見つからず、自分自身の力のなさに腹が立つこともありました。

まだまだ未熟者であることは百も承知です。これから、さまざまな子どもと出会い、時間を共に過ごす中で、私の臨床感覚や障害に対する認識も変わってくると思います。

そのことを踏まえた上で、現時点において、発達障害のある子どもとかかわる支援者の一人として大切にしているポイントを「子ども理解」と「支援の在り方」に分けて説明したいと思います。

なお、両者は明確に分けられるものではありません。本書の構成上、便宜的に分けただけです。両者は重複するものとしてお読みいただいてかまいません。

子ども理解

問題行動の構造を知る

ある学校の先生から、「困っている子どもがいます」と相談を受けました。お話を伺っていると、「離席が目立つ」「大声で授業を妨害する」「その子に触発されてクラス全体が落ち着かない」など、いろいろな問題が起こっていることが分かりました。どう対応していいか分からず、先生は困り果てていました。「先生も子どもも困っているんですね」と私がつぶやくと、その先生はハッとした表情を浮かべていました。

問題行動は、子どもにとっての問題と支援者にとっての問題の二重構造になっています。たとえば、「①給食のおかずをもっと食べたいことを要求する手段がなく、②結果として大声を上げて教室内を走り回ってしまう子ども」がいたとします。

先生にとっては②への対応の難しさが問題になり、子どもにとっては①をうまく表現できないことが問題になります。この場合、子どもが適切な表現で要求できるようにアプローチするのが好ましく、静かに教室にいてもらうようにアプローチするのは、好ましいとは言えません。

問題行動の構造を理解していただいた上で、次の事例を紹介します。

ある障害者の働く作業所から、「コップの水を服にかけてしまう」知的障害のある男性がいると相談を受けました。どんな理由が考えられるのか職員に話を聞いたところ、「周囲から注目されるためにやっているのではないか」「本人が気に入らない職員への当てつけなのではないか」など、さまざまな意見が出ました。

衣類交換に人手を要してしまうこともあり、職員としては何とかこの行動を止めさせたい。けれど、なかなかよい方法は見つかりません。コップの提供をやめるという案は出ました。ただ、それでは本人のQOLを下げてしまうということで、あえなく却下されました。

よいアイデアが浮かばなかったため、しばらくの間、どのようなときにコップの水をかけてしまうのか記録をとってもらうことにしました。

記録から分かったことは、コップの水を服にかけてしまう日に限って、大きなパニックがないということでした。

彼にとって、コップの水を服にかける行動は、「イライラする自分の感情をコントロールしたい」という意味がありました。職員に対する当てつけなどではありませんでした。

「イライラする。このままだと爆発しそうだ」。そんなとき、コップの水を服にかけることで気持ちを抑えようとしていました。そのことが分かったことで、支援の方向性は大きく変わりました。

これまでは、いかにコップの水を服にかける行動をやめさせるか（職員にとっての問題）という視点から支援を組み立てようとしていましたが、イライラしないためにどのような環境調整が可能か（彼にとっての問題）という視点から支援を考えるようになりました。

結果として、時間はかかりましたが、コップの水を服にかける行動はなくなり、パニックが起きる回数も極端に減りました。

このことからも分かるように、子ども側の視点から問題行動を捉えることで、問題行動を止める支援から問題行動が起きないようにする支援が可能になると言えます。

目の前の子どもの乱暴な行動に振り回され、疲れ切っている先生がいます。先生の気持ちは痛いほど分かります。ただ、どんな行動でも、必ず理由があります。子どもの気持ちに目を向け、その理由を丁寧に探ることで、少し遠回りをするかもしれませんが、必ずいい方向に向かうと私は信じています。

障害特性で見えなくなる子どもの気持ち

近年、さまざまな研究や実践が行われる中で、発達障害の特性が明らかになってきています。一見すると、理解に苦しむような行動でも、「○○障害の特性」が頭に入っていると、その行動に何ら疑問を持たなくなります。そんな経験をしたことがある人は多いのではないでしょうか。

美味しい寿司屋、高級レストラン、これらに共通するものがあります。それは何でしょうか。ずばり、「こだわり」です。食材や料理法など、細かなところにこだわることで、驚くほど美味しい料理ができます。

私たちは、そのような料理をいただくとき、「どんなところにこだわっているのだろう」とワクワクするはずです。

このように、本来、こだわりとは、ポジティブに捉えられるものであり、それを知ることで、より相手への興味や関心が高まるはずです。だからこそ、私たちは、どこにこだわっているのかを知ろうとします（レストランを選ぶ際は、グルメ情報サイトを使って、そのお店のこだわるポイントをリサーチしていますよね）。

発達障害のある子どもの「こだわり」ついてはどうでしょうか。多くの専門書で、自閉スペクトラム症の特徴の一つに、「こだわり」が挙げられています。

上記と同じ「こだわり」でも全く逆のもの（ネガティブなもの）として捉えてしまうのではないでしょうか。障害特性として「こだわり」が挙げられていることで、私たちはこだわる理由を知ろうとはしません。

寿司屋のこだわりといっても、仕入れるネタやシャリの硬さ、握り方など、それぞれ違うはずです。同じものは一つもなく、一括りにしていいものではありません。発達障害のある子どものこだわりにも同じことが言えると思います。同じものにこだわっていたとしても、その理由は一人ひとり違います。

学生だった頃、トイレにこだわる自閉スペクトラム症のある男の子と出会いました。彼は、いつもトイレの便器がたくさん載っている分厚いパンフレットを持っていました。

学校が終わり、放課後等デイサービスに着くと、真っ先にトイレに向かい、延々とトイレの水を流し続け、その様子をニコニコしながら見ていました。

ボランティアに来ていた私は、トイレにいる彼のことがとても気になっていました。職員は「彼はトイレにこだわっていて、なかなか出てこなくて困る」と話していました。

私は、意を決してトイレに向かい、「一緒に見ていい？」と彼に尋ねました。彼からの返事はありませんでした。ただ、特に嫌がる様子はなかったので、彼の隣に座り、一緒に便器を眺めることにしました。

「①ボタンを押す→②渦を巻いて水が流れ出す→③水が流れ終わる」の繰り返しです。彼は②のときにニコニコと笑みを浮かべ、何度か跳びはねます。正直なところ、私は「どこが楽しいのやら……」と思っていました。

どれくらい時間が経ったかは覚えていません。ふと、同じことの繰り返しの中に、少しだけ変化があることに気がつきました。②では、流れ出た水が渦をなして流れていくのですが、渦の形や水の泡立ち方が毎回同じように見えて、実は少しずつ変わっていました。

自閉スペクトラム症のある子どもは、「変化」が苦手です。そのため、急な予定の変更等にパニックになってしまう子どもが多いです。ただ、そのような「変化」は私たちも苦手です。大きな違いはないように思います。

枠組みは変わらない中で少しだけ変化があると、私たちは比較的受け入れやすいように思います。自閉スペクトラム症のある子どもも同じだということに気づきました。

それと同時に、「こんなに細かい変化に気づき、そこを楽しむ（こだわる）なんて、なんて通な子どもなんだ」と感心しました。

彼がトイレの便器にこだわる理由を知ったところで、その行動は周りからすると困ったものであることに変わりないかもしれません。ただ、周囲の声がけや眼差しは変わるのではないかと思います。

障害特性について知ることには、メリットとデメリットの両面があると、私は思っています。子どもの支援を考える上で、障害特性は大切な情報（知識）になります。ただ、そこに注目しすぎてしまうと、子どもの気持ちに注意が向かなくなってしまうことを忘れないようにしなければいけません。

子どもとの関係性を大切にする

学校で統一した支援を行いたい。これはとてもいいことだと思います。先生によって支援の手順が異なると、混乱してしまう子どもは多いはずです。

ただ、このような相談を受けたとき、私は「あまり統一しすぎないように注意してください」とお願いしています。

私たちが安全に車を運転できるのは、ハンドルに「遊び（ゆとり）」があるからです。これがなくなってしまうと途端に事故が多くなるはずです。

子どもに対する支援者の向き合い方も同じだと私は思います。支援の手順や声がけの内容はとても大切です。ただし、支援者が実施手順に固執しすぎてしまうと、子どもは逃げ場がなくなり、苦しくなるはずです。

支援者一人ひとりに個性があり、子どもは支援者によって態度を変えているはずです。方法論や実施手順はあくまでめやすであり、それを行う支援者に個性があることを忘れてはいけません。支援の枠組みはしっかり整えながらも、その中にある程度ゆとりを持たせるべきではないかと思います。

ここで私が言いたいのは、「ある程度、自由にかかわっていい」ということではありません。目の前の子どもは、「あなた」と向き合っている、ということを伝えたいです。

特別支援教育に関する専門書では、有効な支援方法が数多く紹介されています。ただ、本に書かれている通りに支援しても、うまくいくことは稀です。

方法論を学ぶことはもちろん大切です。支援の引き出しが増えるに越したことはありません。ただし、子どもと支援者がどのような関係を築いているのか、という視点を大切にすべきだと思います。

発達障害のある子どもを取り上げた多くの教育実践（先生と子どものかかわり）では、「子どもがいかに変わったか」や「どの方法を用いたか」が強調されています。その中で、「どんな先生が子どもとどのようにかかわってきたのか」という関係性の構築に着目したものは少ないように思います。

ここで言う「かかわり」とは、子どもと支援者の営みのことを指します。かかわりを取り上げるのであれば、どちらか一方を説明するだけでは不十分です。

つまり、子ども側だけではなく、支援者側にもスポットライトを当て、両者がどのような関係を築いてきたのかを丁寧に描く必要があります。

たとえば、あなたが二人の上司から同じことを注意されたとしても、言葉の響き方やその後の行動は変わってきます。あなたが上司のことをリスペクトしているのであれば反省するし、そうでなければ聞き流すだけかもしれません。重要なのは、上司からどのような言葉をかけられたのかよりも、これまで上司とどのような関係を築いてきたのかだと思います。

発達障害のある子どもには、「なかなか気持ちをつかむことが難しい子」がいます。そういった子どもに対して、どのように関係を築けばよいのかといったことを問題にせず、障害特性に合わせた支援を行うことが重宝されているように思います。そのことに、私は危機感を抱いています。

私が伝えたいのは、出来事の中身やその結果だけでなく、関係構築の有り様を大切にする必要があるということです。支援者が子どもにどのようなまなざしを向け、かかわりを続ける中で子どもが変わってきたのか。関係性の構築をキーポイントに、両者が共に歩んだ道筋をダイナミックに描き出す。そんな実践を積み上げていくことが、支援力の向上につながると思っています。

支援の在り方

ラフなかかわりを大切にする

教員採用試験の時期になると、面接官役として学生の面接練習に付き合うことが多くなります。学生がなぜ練習を繰り返すかというと、「本番で今まで通りの実力を発揮するため」です。裏を返せば、「本番は今までとは違って実力を発揮しにくい」ことになります。このように、私たちのパフォーマンスは、その場の状況や雰囲気によって大きく変わります。

私は、基本的に大学で教育相談を行っています。そのため、私にとって子どもが大学に来るのは当たり前（日常）です。

ただ、子どもにとっては非日常であることを忘れないようにしています。知らない場所で何が起こるか分からないとき、誰でも緊張し、身構えます。大学に来る子どもも同じだと思います。

そのため、私は、子どもとかかわるときは笑い（ラフ）を大切にします。学習支援のときは、特に注意します。苦手なことに取り組むのは、大人でも子どもでも嫌なものです。楽しい雰囲気づくりを意識して、子どもが普段通りのパフォーマンスを発揮し、「あー、楽しかった！」と思ってもらえるように心掛けています。

「ラフ」にはもう一つ、「形式ばらないさま、くだけたさま」という意味もあります。子どもを支援するときは、特定の手法を用い、それに則って行うのが一般的なセオリーかもしれません。ただ、そういった型にはまった支援では、なかなか子どもとの関係が深まっていかないだけでなく、型にはめることにこちらの意識が向いてしまい、子どもの些細なシグナルを見逃してしまうことがあると思います。

子どものことを知り、子どもにも自分のことを知ってもらうために、特定の手法を参考にしながらも、そこにこだわりすぎるのではなく、子どもの様子に合わせながら、柔軟に方向性を修正していく。そんなラフなかかわりを心掛けることが大切だと思います。

ポジティブな気持ちを育てるための場の設定

発達障害のある子どもには、他者とのコミュニケーションに困難を抱えている子どもが多いと言われています。そのような子どもに対しては、これまでコミュニケーションスキルの習得を目的とした支援が行われてきたように思います。

このような支援は、「歯車」にたとえるなら、障害のある子どもは障害のない子どもに比べて、歯車のサイズが小さく、同じサイズにすることを目的としていました。つまり、できないことをできるようにすることが支援の目的となっていました。「子どもがスキルを身につけることを本当に望んでいるのか」が問われることはあまりありませんでした。

私は、同じサイズにならなくても、しっかり噛み合っていなくても、一点でも接点があれば歯車は回ると思っています。同じサイズになることを目的とするのではなく、歯車が回る経験（コミュニケーション場面で言うと、友達と遊んで楽しかった経験）を積み重ねることを目的にすべきだと考えています。その際、支援者には、適切な場の設定と、異なるサイズの歯車を噛み合わせるためのチューニング技術が求められていると思います。

加えて、子どもが目の前の壁に立ち向かうとき、「うまくいきたい！」「〇〇になりたい」といったポジティブな気持ちは何よりも大切であり、育てていかなければならないと思います。

私が学生だった頃、自閉スペクトラム症のある子どもの作文指導を経験しました。その子は、出来事を順序立てて書くことが苦手でした。夏休みの宿題で出される「絵日記」では、早々に絵を仕上げるものの、作文では大変苦労していました。作文に対する苦手意識はとても強く、机に向かわせるのも一苦労でした。

私は、その子と一緒に遊び、そのときの出来事を作文にすることにしました。ポイントごとに写真を撮り、その写真を並べながら、時系列に出来事を書くように指導しましたが、全くうまくいきませんでした。むしろ、作文に対する苦手意識を助長してしまい、私から「作文」という言葉が出ると、その子は部屋を逃げ出してしまうようになりました。

あるとき、その子のお母さんから「バスケットボールのクラブチームに入りたいと書かれた手紙をもらった」という話を伺いました。

実際に、その手紙を見せてもらうと、そこには、バスケットが好きな理由、勉強をがんばること、お手伝いをがんばること、などがA４用紙二枚にびっしり書かれていました。正直、文章はめちゃめちゃでしたが、その子の気持ちは十二分に伝わってきました。

「やり方を教えるのではなく、やりたいと思う気持ちを育てること」が何よりも大切であることを学びました。

発達障害のある子どもに対して、「〇〇したい！」「〇〇になりたい！」というポジティブな気持ちがカラダの内側から湧き上がってくるような体験をいかにつくっていくのか、がキーポイントになると思います。効果的な場面設定は、結果としてスキルの定着を促すはずです。

支援者の在り方を常に考える

支援者の多くは、「子どもが失敗しないように」と考えます。子育ても同じかもしれません。とりわけ、発達障害のある子どもの多くは自己肯定感が低いと言われていますので、成功体験を積み重ねることが大切にされています。とても重要なことだと思います。

ただ、私は「上手に転ぶこと」も大切なのではないかと考えています。たとえば、雪道を早足で歩いていて転んでしまったとします。当然、痛い思いをするので、次に同じ道を通るときはゆっくり歩くようになります。

つまり、転んだ経験が次に活かされるわけです。障害のある子どもへの支援でも同じことが言えると思います。支援者が子どもを支えながら、転んで多少ケガをしたとしても、「大丈夫だよ！」と優しく語りかける。そんな支援も必要だと思います。失敗は成功への布石となっていることを忘れてはいけません。

これは私の家族の話になりますので、本書の趣旨からは少しずれるかもしれません。どうかご容赦ください。息子が小学校に入学したときの話をします。いろいろなことに不安を感じやすい息子は、登校班の集まる場所（自宅から五〇メートルくらい先）まで見送りに来てほしいとお願いしてきました。

朝、一緒に家を出ると、息子は私の手を握ってきます。つないだ手から、不安や緊張の強さを私は感じとっていました。二か月、三か月たち、気がつけば一年間、毎朝息子を見送っていたのですが、そこで気づいたことがあります。

それは、どんなに不安が強くても、息子は「自分から手を離す」ことです。私が「もうすぐ着くから、そろそろ手を離すよ」と言わなくても、息子は自分から手を離していました。上級生たちに「お父さんと手をつないで歩いている」のを見られるのが恥ずかしかったからかもしれません。ただ、手を離すとき、息子はいつも私を見て、ニコッと笑っていました。

発達障害のある子どもへの支援では、「ここまでは先生が一緒にやります。次からは一人でやりましょう」などと、支援者がタイミングを決めようとしがちです。けれど、勘違いしてはいけません。十分にパワーが溜まれば、子どもは自分の力で歩き出そうとします。その手助けをするのが支援者の役割であり、やりがいだと思います。

発達障害のある子どもにとって、支援者はなくてはならない存在です。どのような心持ちで子どもと向き合うのか、支援者は何をすべきなのか、目の前にいる子どもと真摯に向き合う中で考え続けていかなければならないと思います。

子どもの思いを支援のゴールにする

放課後等デイサービスの職員から、ある子どもの話を伺いました。その子どもは、噛みつきやつねりといった他害行為のある、地域で有名な子です。その子が施設を利用することになり、職員はどう対応すればよいのか悩んだそうです。

とりあえず、他害行為を少なくすること、見通しを持って落ち着いた時間を過ごせるようにすること、の二点を支援することにしました。ホワイトボードを使って活動内容を視覚的に分かりやすく説明する、絵カードを使って活動を選択させたり、本人の気持ちを表現させたりするなど、構造化に重点を置いた支援を行いました。

こういった支援が功を奏し、時間はかかったものの、他害行為は減っていきました。落ち着いて過ごせる時間が多くなっていきました。すると、今度は、絵カードで選択した活動をやりたがらないことが課題になったそうです。

この課題の捉え方には、二つの方向性があります。

一つ目は、「支援方略の妥当性」に着目した捉え方です。「絵カードの内容が分かりにくかったかもしれない。だから、自分が選択した絵カードの意味が分からず、『やらない』と言うんだろう。絵カードをイラストから写真に変えるべき」と捉えることができます。

二つ目は、「子どもの思い」に着目した捉え方です。「最初は不安で暴れたりすることがあった。けど、段々落ち着いて過ごせるようになってきた。そういった中で、『やらない』という意思表示で自分の気持ちを表現できるようになった」と捉えることができます。

つまり、一見するとネガティブに見えるような様子も、子どもの思いに着目することで、ポジティブなものとして捉えることができるようになります。

どちらの捉え方が正しいのかは分かりません。その時々によって変わるのかもしれません。ただ、どの捉え方をするのかによって、支援の方向性や子どもへの評価は変わってきます。

特別支援教育に関する実践では、前者の捉え方が支持されているように思います。少し変わっているかもしれませんが、私は後者の捉え方を支持します。「やらない」という明確な意思表示が、その子どもの生活を豊かにすると考えるからです。

支援のゴール（目標）は、支援者の目線から決めるものではありません。支援者が設定するゴールと、子どもが目指すゴールは必ずしも一致するものではないことに注意しなければいけません。

私は、子どもが何をゴールにしているのかを探る必要があると思っています。目の前にいる子どもが、何を思い、どうなりたいと考えているのか。支援者は子どもに寄り添いながら、その答えを探していかなければならないと思います。

第 II 章

子どもの「ミカタ」

「ペンを見ただけで殺意を抱きます」と話していたアキラくん

アキラくんと出会うまで

桜が散り始めた四月下旬、一本の電話がありました。高校生のお子さんがいるお母さんからでした。私は、いつものように電話をかけてきた理由を尋ねました。

お母さんは「息子（アキラくん）が漢字を全く書けないんです！」と話し、息つく間もなく、これまで学校から何度も呼び出されたこと、様々な療育機関に通ったが思うような成果が出ないこと、進学や就職が不安であることなど、かれこれ二時間ほどお話をされました。

私は、（この後のスケジュールを気にしつつ……）お母さんの話に耳を傾けながら、「つらかったんだろうなぁ」と、アキラくんがこれまで経験してきた苦しい気持ちを想像していました。お母さんには、「アキラくんは高校生です。自分のことは自分で決めなければいけない年齢です。もし、アキラくんが私のところで学習支援を受けたいと希望するのであれば引き受けます」とお伝えして電話を切りました。

思わぬ長電話に一つため息をついた後、ある疑問が浮かんできました。それは、アキラくんの通っている高校が進学校だったことです。お母さんの話している内容と実際のアキラくんの姿にはおそらく矛盾するところがあるのではないかと思いました。

「アキラくんってどんな子なんだろう……」、そんなことを思っていると、後日、お母さんから「アキラが先生のところに行きたがっている」との電話があり、実際に会うことになりました。

初回面談（アセスメント）

穏やかな日差しが差し込んでいた日の夕方、アキラくんとお母さんは私のところを訪ねてきました。アキラくんは、お母さんに買ってもらったばかりのタブレット端末を大事そうに抱えていました。私が「（端末を指差し）いいモノを持っているじゃん！」と話すと、アキラくんは「はい。誕生日に買ってもらって」と微笑みながら答えました。

アキラくんの第一印象は、部活動に熱心に取り組む精悍な男の子といった感じでした。年齢相応で、決しておしゃべりではないものの、だからといって愛想がないわけでない。好感の持てる高校生でした。

お母さんは、おしゃべりが好きな方で、アキラくんの幼少期から現在に至ることまでお話されていました。アキラくんはお母さんの話を嫌がるわけではなく、少し戸惑った微笑を浮かべていました。

私は、これまで漢字を書くことでどんなことがあったのか尋ねました。アキラくんは、「小学校三年生のときの担任が自分だけ居残りで漢字練習をさせたのがつらかった」と答えました。「それは大変だったね」と応じると、アキラくんは「居残りの内容が苦手な漢字を何十回も繰り返し書くっていうものだったので、とても嫌だった」「あれからペンを見ただけで殺意を抱きます」と、私をしっかり見つめながら話しました。

「当時の担任の先生はアキラくんを苦しめようとしたのではなく、きっと大切に思っていたからなんじゃないかなぁ……」。そんな言葉が頭をよぎったものの、アキラくんの真剣な様子に、私は黙り込んでいました。

アキラくんの文字を書くことに対する苦手意識はとても強く、気持ちが乗らないときは学校の漢字テストを白紙で出していました。「勉強以外に文字を書くことはない」と断言していました。「そんなに文字を書くのが嫌なの?」と尋ねると、「嫌です。ただ、大学進学のことを考えると、なんとか高校の常用漢字を習得しなくてはいけないので……」とアキラくんは答えました。

初回の面談では、いくつか簡単なテストをしました。一つは文字を読むテストです。いくつか文章を読んでもらいました。アキラくんはスラスラと読んでいました。もう一つは文字を書くテストです。ひらがな・カタカナの書字に問題はありませんでした。

漢字に関しては、小学校高学年レベルで形態誤りや過不足、微細な誤りが見られました。学校で使っているノートを見せてもらいました。誤字・脱字は散見されるものの、比較的きれいに情報が整理されていました。学業成績については、赤点をとるようなことはないこと（国語はギリギリとのこと）が分かりました。

私は、これまで苦手な漢字に向き合い続けてきたアキラくんの努力を称賛した後、近日中に今後の支援についてお話することを約束しました。

支援をどう組み立てるか

面談を踏まえ、どのような支援を行うべきなのかを考えてみました。アキラくんは漢字を書くことに難しさがあります。ただ、その難しさが学習活動に与える影響は少ないように思いました。むしろ、文字を書くことへの苦手意識がとても強く、そのことが学習活動のモチベーションを下げ、必要以上に負荷をかけているのではないかと思いました。

そこで、文字を書くことへの苦手意識を払拭させ、その上で、漢字学習の効果を出すことを支援の目的とすべきなのではないかと考えました。

問題は、どのような方法を用いるか、です。「楽しんで取り組みながら、よい結果が出る支援」がベストなのですが、書字に関する支援では、どうしても文字を書くこと（アキラくんが苦手とすること）に真正面から向き合わなければいけません。

何かいい方法はないかと考えていると、ふとアキラくんがタブレット端末を持ってきたことを思い出しました。タブレット端末を用いることで、ペンの使用に縛られなくなり、自由度の高い活動ができる。そして何より、タブレット端末を用いること自体がアキラくんにとってプラスのモチベーションになるのではないか、と考えました。

後日、アキラくんとお母さんが再び研究室を訪れました。私は、小学校高学年レベルの漢字の書字に誤りが散見されることを伝えました。その上で、「高校レベルの漢字をターゲットにするよりも、まずは小学校高学年レベルの基礎固めを行う必要があること」「海外に住まいない限り、漢字に触れないで生活するのは難しい。ストレスを感じることなく漢字を学べる方法を一緒に探してみないか」と話しました。アキラくんは私の説明に理解を示してくれました。

「なるべく部活動を休みたくない」というアキラくんの気持ちを尊重して、研究室に来てもらうのは週に一度、平日の一九時頃とし、タブレット端末とタッチペンを持参してもらうことにしました。

なお、学習支援は、①ペンを持つことへの抵抗感をなくす、②学習とは別に書字の機会を設ける、

③弱点の把握と対処法を学ぶ、の三つのステップを想定し、アキラくんの様子に合わせて柔軟に対応することにしました。

ペンを持つことへの抵抗感をなくす

漢字を書くことに対する極度の緊張

学習支援では、書き取り式や穴埋め式の出題を行うゲーム性の高いアプリケーションを使用しました。間違えたときは、漢字辞典のアプリケーションを使用し、その場で形態や筆順を確認するようにしました。

事前に「タッチペンを使用するかどうかはアキラくんが決めていい。使用しないときは指で書くように」と伝えました。

学習を始めると、アキラくんはタッチペンを使用せず、指で文字を書いていました。ただ、常にタッチペンは机上に（アキラくんの目の前に）置かれていました。その様子に、「書字と向き合うポジティブな気持ちが残っているな」と、私は感じていました。

誤字や脱字があると、アキラくんは「こんな文字も書けないのか」などとネガティブな発言を行っていました。私は、「気にすることはない」と伝え、どこが間違ってしまったのか、一緒に確認しました。この時期、学習を進める中で一番困ったのは、アキラくんがガチガチに緊張していることでした。文字を書く指が震えてしまい、それによって端末が誤った文字を認識してしまうことが多々ありました。「リラックス、リラックス」と声をかけてもアキラくんの様子は変わりませんでした。過度の緊張が間違いを誘発していました。

また、学習中にアキラくんが話すことはほとんどなく、ただ黙々と「文字を書き→修正する→ネガティブな発言を行う」を繰り返しているだけでした。緊張感の漂う、どんよりとした雰囲気に、「これじゃあ、おもしろくないだろうな」と私は思っていました。

なんとか場の雰囲気をよくしようとするものの……

そこで、（もちろん学習の妨げにならない範囲で）積極的にコミュニケーションをとることにしました。部活動や趣味、高校生が好みそうな話題を探して話しかけてみました。ただ、アキラくんは一言二言返答するだけで、なかなか話が盛り上がることはありませんでした。

思春期の高校生と中年男性の会話ですから、盛り上がる方がおかしいかもしれません。ただ、それを踏まえても、アキラくんと私の間には「見えない分厚い壁がある」と感じていました。

学習支援を進めていくと、二時間以上遅刻し、遅刻の連絡も全てお母さんが行うことが増えてきました。「できるだけ遅刻しないでね」と伝えると「すみません」と謝るものの、翌週もまた同じことを繰り返す……。私は、アキラくんの気持ちがなかなかつかめずにいました。お母さんがとても熱心な方だったので、アキラくんの意志というよりは、お母さんに言われるがまま学習支援に来ているのではないかとネガティブに考えてしまうこともありました。

いねむり

そんなある日、いつものように二時間以上遅れて学習支援を始めました。いつものように黙々と漢字と向き合う時間が流れていました。

しばらくすると、解答を考えていたアキラくんから「スー、スー」と寝息が聞こえました。私は、少し驚いたものの、アキラくんを起こさず、そのまま少しの間、見守ることにしました。

数分後、アキラくんはバッと目を覚まし、「すみません！」と慌てた様子で謝ってきました。私は、その様子がなんだかおもしろくて「気持ちよさそうにぐっすり寝てたね」と笑いました。

すると、アキラくんも笑い出し、「最近、部活やら試験勉強が忙しくて……。つらいんですよ」と言いました。どんなことがつらいかを尋ねると、部活動の発表会が近く、自分の役割をしっかりこなせるか不安なこと、漢字学習よりも生物や世界史のテスト範囲の勉強が終わらないことで焦っていることなど、自分が抱えている荷物の中身を教えてくれました。

この瞬間、私は、アキラくんの気持ちに初めて触れられたような気がして、とても嬉しくなりました。高校レベルの漢字が書けるようになりたい、お母さんの期待に応えたい、部活動を頑張りたい、テスト勉強もしなきゃいけない……。

アキラくんには様々な想いがあって、それを叶えようと必死になっている。学習支援に二時間遅刻するのも、「やる気がない」のではなく、むしろ「やる気がある」からこそどんなに遅れても来ているんだ。そう思いました。

関係が変わり始める

その日を境に、アキラくんから話しかけてくることが増えました。部活動の出来事を笑いながら話したり、漢字学習でのつらい思い出を涙ながらに語ってくれたりするようになりました。また、志望校について進路相談をしてくることもありました。

遅刻は相変わらずだったものの、その連絡をアキラくんが入れるようになりました。テスト期間中は学習支援を行わず、アキラくんに負担がかかり過ぎないようにしました。

この頃から、文字を書くときの指の震えは止まり、過度に緊張することなくリラックスしながら学習を進めるようになってきました。

すると、「今日はタッチペンを使ってみようかな」と、自らペンをとり、文字を書く様子がたびたび見られるようになってきました。

アキラくんと私の距離がぐっと縮まってきたこと、ペンを持つことへの苦手意識が薄れてきたことから、次のステップに移ることにしました。

学習とは別に書字の機会を設ける

文字を書くことの意味

小学校の頃、私は、いわゆる「鍵っ子」でした。毎日、母親からの置き手紙を楽しみに帰宅していました。

「おやつはポテチ」「がんばれ」「応援しているよ」など、いろいろなことが書かれていました。手紙を書いている母親の姿を想像しながら、あたたかい気持ちになっていたことを思い出します。

文字を書くという行為は、自分の気持ちを相手に伝える大切な手段です。生活を豊かにしてくれます。受験勉強のためではありません。アキラくんは、苦手意識が先行してしまっていて、本来、文字を書くことの楽しさを味わえていないように感じていました。

そこで、これまで行ってきた漢字学習に加え、双方向型のコミュニケーションが可能なアプリケーションを用いることにしました。このアプリケーションでは、画面上に書かれた文字が双方に反映されるようになっています。インターネット環境が整っていれば、どこでも見て書き込むことができます。

アキラくんにこのアプリケーションを紹介し、筆談という形で好きなときに好きな場所でやりとりしようと提案してみました。すると、「何を話せば（書けば）いいのか……」と少し戸惑った様子を見せました。そこで、とりあえず、アキラくんが最近ハマっているマンガの話題を中心に書き込むことにしました（ちなみに、私はそのマンガを知らなかったので、すぐ書店に行き、全巻大人買いしました）。

文字を書く機会を設定しても、「書きたいこと」と「それを伝えたい人」がいなければ長続きはしません。そのため、私は最初のステップでアキラくんの人となりを知ろうとしてきました。自分のことも知ってもらおうとしてきました。

「無理に漢字は使わない」「最低でも三日に一回は画面の確認を行う」ことをルールとし、何度か操作方法を教えた上でスタートしてみました。

楽しいからこそ苦ではない

数か月たっても、アキラくんからの書き込みが途絶えることはありませんでした。マンガの一コマについての感想や好きなキャラクターなどに関する書き込みが多く、積極的な様子がうかがえました。私もアキラくんの影響を受け、彼に紹介してもらったマンガがとても好きになりました。画面上でのやりとりが、学習支援での話のネタになりました。

書き込みの多くでアキラくんは漢字を使っていました。私は、そのことが少し気がかり（アキラくんにとって負担になっていないか心配）で、「無理に漢字を使わなくてもいいんだよ」と伝えました。すると、アキラくんは「大丈夫です！　携帯の文字変換機能を使って漢字を確認しているけど、書き込むこと自体が楽しいので苦にならないです」と話していました。

私も楽しんで書き込んでいることを伝え、「以前は文字を書くことにすごく苦手意識を持っていたと思うんだけど、今はどうかな」と尋ねると、アキラくんは「今は苦手という意識はないです」と明るく答えました。

アキラくんの文字を書くことに対する苦手意識は払拭されていました。

次は、文字を書くことに対する困難さにアプローチすることにしました。

弱点の把握と対処法を学ぶ

学習支援を行ってきたなかで、漢字を書くときに形態誤りや過不足、微細な誤りがあることを確認してきました。また、アキラくんは「漢字の細かいところに注目することが苦手で、その結果、間違って書いてしまう」と話していました。

そこで、漢字パズルのアプリケーションを用いてみることにしました。このアプリケーションは、漢字が各パーツに分かれていて、それらを組み合わせながら完成させます。これまでと同様にゲーム性が高く、遊び感覚で行えるものを使用してみました。

漢字の細部に注目するのが苦手なことを自覚していたアキラくんは、このアプリケーションをとても気に入り、自宅でも積極的に活用しているようでした。

加えて、これまでの学習支援で取り上げた漢字を机上に提示し、間違えやすい漢字にはどんな特徴があるのかを話し合いました。すると、間違えやすい漢字には、①旁が難しい漢字、②偏が難しい漢字、③第三の何かが分からない漢字、の三つのタイプがあることが分かりました。ちなみに、③について、アキラくんは「書けそうで書けない、覚えたようで覚えていない、まさに第三の何かが分からない漢字」と話していました。

次に、この三タイプの漢字にどう対処していけばよいのかについて、私がアイデアを提案する形で一緒に考えてみました。その結果、①では反復・細部に着目して覚える、②では漢字の意味や聴覚法で覚える、③ではまとまりとして捉える・聴覚法で覚えること、にしました。

どうしても間違えてしまう漢字が出てきたとき、どのタイプに当てはまるかを考え、タイプごとに対処方法を変えていけば覚えやすいことを伝えると、アキラくんは「ドラクエのゲームをしているみたいで楽しそう。これまでは何十回も繰り返し書いて覚えていたので、この方がいい」と話していました。

実際に試してみるかどうかはアキラくんに任せることを伝えました。すると、アキラくんは、「先生のメモした紙（覚えにくい漢字のタイプ分けとその対処法が書かれている紙）がほしい」とお願いしてきました。コピーを渡すと、大事そうにカバンにしまっていました。

数日後、お母さんから電話がきました。学校の漢字テストの点数が上がった（いつも一〇点台のところが五〇点台になった）とのことでした。お母さんは涙声で、「先生が漢字を教えてくれたおかげで点数が上がりました」とおっしゃっていました。

私は、「何もしていませんよ。学習支援では、小学校高学年レベルの漢字を取り上げていただけです。点数が上がったのはアキラくんの努力です。たくさん褒めてあげてくださいね」と伝えました。

アキラくんに点数が上がったことを確認すると、「先生と一緒に考えた対処法がとても気に入ったので、それで勉強してみたら、思っていた以上に点数が上がっちゃいました」と恥ずかしそうに笑っていました。

文字と向き合う楽しさを知ったアキラくん

そろそろ桜が咲き始める頃、アキラくんと出会って一年がたとうとしていました。来年も学習支援を継続するか尋ねると、アキラくんは「もう大丈夫です」と真っすぐ私を見つめながら答えました。

「先生は、アキラくんと会うのが楽しいから続けてもいいけど」と少しおどけると、アキラくんは「そりゃ楽しいんですけど、どうやって漢字と向き合えばいいのか分かったので」と笑顔で話していました。

最後の学習支援のとき、「アキラくんにとって漢字学習とは何か？」と問いかけました。すると、アキラくんは「マラソン」と答えました。「そのこころは？」とさらに問いかけると、「最初はとても苦しいけれど、ランナーズハイになれば苦しくなくなって、けっこう楽しくなるから」と話してくれました。ランナーズハイが切れることを冗談まじりに伝えると、「マジっすか？」とアキラくんは笑っていました。

アキラくんとの学習支援が終わってから数年がたちました。あるとき、風の噂でアキラくんが志望校に見事合格し、華の大学生活を送っていることを耳にしました。これからも様々な場面でアキラくんは書字と向き合い続けていくことになります。

けれど、苦手なことから逃げ出さず向き合い続け、最後に勝利を手にしたアキラくんなら、きっと大丈夫。未来は明るいぞ。

「特別待遇ですよ」と話すサトルくん

大学院生時代の私

かれこれ一六年ほど前、大学院修士課程に在籍していたときの話です。研究テーマは、自閉スペクトラム症のある子どものコミュニケーションでした。実際に、子どもとかかわりながら、「どうしてうまくいくんだろう」という視点を大切にしつつ、トラブルが起きてしまう原因について研究を行っていました。

ちょうどその頃、私の所属していたゼミで「鉄道研究会」という放課後実践が始まりました。この実践は、私の恩師とゼミの先輩で大学教員をされている先生が立ち上げたもので、自閉スペクトラム症のある子どもの社会性発達を促すことを目的としていました。私は、立ち上げ当初から活動に参加していました。

活動内容は、主にブログの運営と定例会（実際に集まって皆で話をする時間）を行っていました。ブログでは、子どもたちが自分で撮った鉄道関係の写真とその情報を載せた記事をつくり、そこに皆がコメントを書いていました。

定例会では、ブログに載せた記事を一人一人が発表し、どんなコメントが寄せられたか、もっとよく写真を撮るにはどうしたらよいのかなどを話し合っていました。

その他、鉄道を使った小旅行を計画したり、お花見（もちろん被写体は桜と列車）に行ったりもしました。

私は、自分の研究テーマに近い実践ということもあり、定例会が終わった後、先生方と子どもの様子について話をする時間を何よりも楽しみにしていました。そこには、いつも深い学びがありました。

サトルくん

鉄道研究会には、小学生から高校生まで、五名ほどの子どもが参加していました。その中の一人にサトルくんがいました。サトルくんは、背が高く、短く刈り上げた髪型がとても似合う少年です。市内にある中学校の特別支援学級に通っていました。知的障害はありません。小学校入学当初から特別支援学級に在籍していたことを踏まえると、幼少期から対人トラブルが頻繁に起こっていたことを容易にイメージできると思います。鉄道に関する知識は豊富で、あまり詳しくない私は話についていけないことが多々ありました。

学校では、腹が立つことがあると消化器をぶちまける、駐車している車を蹴飛ばす、給食を「まずい」という理由で一口も食べないなど、トラブルが目立っていました。先生にも友達感覚で話しかけ、都合が悪くなると、どんどん乱暴になっていました。学校の先生は、サトルくんの対応に大変苦慮されていました。

定例会では、このようなトラブルはありませんでした。ただ、鉄道の知識がない女子大生に対して「お前はそんなことも知らないのか！」と怒鳴ったり、サトルくんの好きなアイドルとは別のアイドルが好きな中学生に対して「そんなのはどうでもいいから、こっちを好きになれ！」と迫ったりするなど、挑発的な言動を頻繁に行っていました。

一般的に、私たちが自己紹介をするときは、「秋田大学の鈴木です」というように、所属と名前を話します。サトルくんは、どこにいっても「鉄道研究会所属のサトルです」と話していました。

このようなサトルくんの言葉は、鉄道研究会を好きな気持ちを表すと同時に、学校に居場所がないと感じていることを表しているのではないか、と私は思っていました。

私はサトルくんをどのように捉えていたのか

多くの専門書では、自閉スペクトラム症（のある人）は、相手の気持ちを想像したり、共感したりするといった他者理解が難しいと書かれています。本を読めば読むほど、自閉スペクトラム症の特徴がサトルくんにぴったり当てはまるように感じていました。

サトルくんは、一見すると何が写っているのか分からないようなブレた写真をブログに載せることがありました。もちろん、定例会のときには「その写真じゃ分からないよ」とツッコミが入ります。

けれど、サトルくんは全く気にしません。むしろ、周りが写真の価値を分かっていないことに怒り出します。自分と相手の視点が違うこと、相手の視点に立って物事を捉えることをサトルくんは苦手としていました。

このような相手の視点に立つことの難しさが、結果として、相手を傷つける発言を招いてしまうことがありました。

私が受験した大学院博士課程の合格発表があった直後の定例会の話です。私は、無事に合格することができ、ホッとした気持ちで定例会に参加していました。

恩師が、「今日は徹（私）にいいことがありました。大学院の試験に見事合格しました！」と子どもたちに伝えました。すると、自然と拍手が起こりました。

そんな中、サトルくんだけが拍手をせず、「学費はいくらかかるんですか」「ご両親は（進学することを）許可しているんですか」「いつ・どこに就職するんですか」など、次々と質問してきました。大学院に興味があるのだろうか、と不思議に思いながらも、私は一つずつ丁寧に答えました。

すると、サトルくんはしばらく黙り込んだ後、「大学院に行くっていうから、けっこうすごいって思ったんですけど、案外バカなんですね」と笑いながら言いました。周りの空気が凍りついたのは容易に想像できると思います。

このような空気の読めない発言をサトルくんは頻繁に行っていました。もちろん、サトルくんに悪意や悪気がないことは分かっています。ただ、それを分かっていても、周囲がイラッと感じてしまうことが日常茶飯事でした。

サトルくんの言動には、どこかトゲがありました。自分の意見と相手の意見が合わないと、一方的に詰め寄ってくることもあり、子どもたちの中にサトルくんを避けようとするものも出てきました。

私は、なんとかしなければと思い、サトルくんの言動を訂正したり、謝らせようとしたりすることに躍起になりました。

私の言葉に対して、サトルくんはさらに強い言葉で返します。そんなことを繰り返す中で、お互いにヒートアップしてしまうこともありました。落ち着いて対応しなくてはいけないと頭では分かっています。ただ、どうしても乱暴な言葉に振り回され、サトルくんの気持ちに寄り添うという視点から彼の言動を捉えることができていませんでした。

当時の私は、サトルくんに対して苦手意識を持っていました。どこか冷めた目で彼を見ていました。サトルくんは、そのことを見透かしているような態度をとり続けていました。

先生方はサトルくんをどのように捉えていたか

「困ったヤツだなぁ……」。先生方は、よくこの言葉を使ってサトルくんのことを語っていました。私も同じ気持ちだったので、同調していました。ただ、先生方の言葉には、私にはない優しさが含まれていたように思います。

先生方は、サトルくんが興奮して詰め寄ってきたときも、挑発的な言動をとがめるようなことはしませんでした。「本当は〇〇したかったんだろ?」「〇〇という気持ちだったんだろ?」と、常にサトルくんの本音を引き出そうとしていました。

サトルくんが話を逸らそうとしても、一歩も引きません。ときには、夜の一二時近くになるまで、マンツーマンで向き合っていたこともありました。

このような対応を粘り強く続ける中で、サトルくんは挑発的な態度で先生方の言葉を遮るのではなく、徐々に本音を口にするようになっていました。

サトルくんの気持ちを汲み取り、あるべき行動を促していく先生方の姿は、私にとって、とても大きな学びになっていました。こうありたいと強く思いました。ただ、その一方で、サトルくんのあまりにも強烈な言動を看過してはいけないのではないかと、正直、納得できないところもありました。

学校の対応を目の当たりにする

まさかの展開

新年度を迎えようとする三月下旬、定例会が終わった後、サトルくんのお母さんから「どなたか修学旅行に同行してくれないか」と先生方に相談がありました。

お母さんの話では、「学校から、サトルくんを修学旅行に連れていきたいけど、正直なところ、対応に困っている。どなたか知り合いに同行してほしいとお願いされた。まさか自分がついていくわけにはいかないので……」とのことでした。

先生方からは、「徹しかいないだろう」と、私が同行するようにすすめられました。正直、私はあまり乗り気ではありませんでした。先に述べたように、私は、サトルくんに苦手意識があったからです。「どうして自分が行かなければならないのか」と思わずにはいられませんでした。

そんな私の後ろ向きな気持ちを察してか、後日、校長先生がわざわざ研究室を訪ねてきてくれました。「サトルくんを何とか修学旅行に行かせたい。何とか同行していただけないか」と、たかが大学院生の私に頭を下げてくださいました。その姿に、心を打たれました。あまり詳細な内容を伺うことなく、サトルくんの修学旅行に同行することを決めました。

修学旅行に同行することをサトルくんに伝えると、「徹さんの費用はウチが持ちますので。安心してついてきてください」と返事がありました。

「そういうこと（金銭面とかの問題）じゃないんだけどなぁ……。まずは、『ありがとう』だろ」と、これまたサトルくんの態度に不満を抱きながら、とりあえず気持ちを切り替えて臨むことにしました。

修学旅行スタート

修学旅行初日、待ち合わせ場所の駅前に行くと、すでに大勢の生徒が集まっていました。自分が中学生だった頃を思い出し、なんだか懐かしい気持ちになってその光景を眺めていました。すると、集団から離れたところにサトルくんとお母さんがいるのを見つけました。

挨拶に行くと、サトルくんは定例会のときの威勢のよさはなく、視線は泳ぎっぱなし、落ち着かずに辺りをウロウロするなど、明らかに緊張している様子でした。「そんなに硬くならなくても大丈夫だから。とにかく楽しもうよ！」と声をかけ、修学旅行がスタートしました。

「特別待遇」と話すサトルくん

修学旅行に同行する中で、学校がなぜ私のような役目を必要としたのかが分かってきました。行きの新幹線では、他の生徒たちは「貸切車両」に乗車し、生徒たちだけの空間で楽しんでいます。一方、私とサトルくんは何両も離れた車両に一般客と混じって乗車します。

遊園地では、私たちは右回りでアトラクションを楽しみ、他の生徒は左回りで楽しみます。移動のバスは一緒だったものの、私とサトルくんは一番前に座り、一列開けて他の生徒たちが座ります。宿泊先のホテルも同様に、サトルくんと私だけ別の階に部屋が用意されています。

このように、学校の考えた支援は、「サトルくんと他の生徒との接触をできる限り避け、トラブルが生じるのを回避すること」でした。

私は、「確かに、接触を避けた方がトラブルは起きないよなぁ」と思いました。その一方で、「これではまるで二人旅じゃないか。サトルくんは本当に楽しんでいるだろうか？」と学校の対応に少なからず疑問を抱きました。

何百人も収容できるような広い会場で、夕食の豪華バイキングを二人で食べていたとき、「サトルくん、こんな広いところで二人だけで食事するって寂しくない?」と、私は尋ねました。「いいじゃないですか! 特別待遇ですよ」とあっけらかんとサトルくんは答えます。「サトルくんは先生たちとは話すけど、他の生徒とは話していないじゃない。寂しくないの?」と聞くと、サトルくんは「私の精神年齢が高いんで、先生としか話が合わないんですよ」と答えます。

「そんなこと、本当は思っていないでしょ。寂しい気持ちに蓋をして見ないようにしているだけじゃないのか」。そんな言葉を飲み込み、遊園地でおもしろかったことに話題を切り替え、二人で食事をとりました。

先生方の視線から気づいたこと

旅行中に、一つ気がかりだったことがありました。それは、学校の先生たちがサトルくんに向ける視線です。優しく、どこかあたたかい視線を向けながら語りかける先生がいる中で、サトルくんとあまりかかわろうとせず、冷たい視線を向けている先生がいました。サトルくんがそのことに気づいていたかは分かりません。ただ、誰にでも積極的にかかわろうとするサトルくんが、後者の先生たちとは一定の距離をおいているように感じました。

「あの先生たちは(サトルくんを)分かろうとしないから、いろいろなものが見えないんだろうな」

と悲しくも腹立たしく思っていたとき、ハッとしました。私も同じだと。挑発的な行動に振り回され、サトルくんの気持ちに寄り添えていないことを痛感しました。

「サトルくんを変える前に、私が変わらないといけない」。そう思いました。

帰りの新幹線での出来事

帰りの新幹線での出来事です。行きと同じように、私とサトルくんは、他の生徒と違う車両に乗車しました。出発からしばらくして、サトルくんがトイレに行きました。何分待っても帰ってきません。体調が悪くなったのかと心配になり、トイレに行ってみると、サトルくんはどこにもいませんでした。

「まさか……」と、少し嫌な予感がして、他の生徒がいる車両に急いで向かいました。案の定、サトルくんは他の生徒がいる車両にいました。「やめて！」と嫌がる生徒に詰め寄り、ちょっとした騒ぎになっていました。私がなだめようとしても、興奮は収まりません。デジカメで嫌がる生徒のことを撮影するなど、行動はエスカレートする一方です。最終的に、その場に駆けつけた先生たち数名でサトルくんを抑え込みました。

サトルくんは大きな声をあげて泣いていました。私はどうしていいか分からず、背中をさすることしかできませんでした。駅に到着すると、サトルくんは逃げるように降車し、そのまま帰路についてしまいました。

何とも後味の悪い終わり方に、学校の先生たちは呆然としていました。私は、後悔していました。サトルくんがずっと他の生徒とかかわりたかったこと、一緒に旅行を楽しみたかったことにもう少し早く気がついていれば、何か変わったんじゃないかと。不甲斐なく、情けない気持ちになりました。

人のふり見て我がふり直せ

修学旅行が終わってから、サトルくんの気持ちに目を向けるように努めました。定例会のとき、先生方がサトルくんのどこを見ているのか、今まで以上に知ろうとしました。もちろん、彼の挑発的な言動は変わりませんから、そうたやすいことではありません。じっくりと時間をかける必要があります。

数か月たった頃でしょうか。サトルくんの言動を注意するのではなく、その奥にある気持ちをいじれるような、少し余裕のあるかかわりができるようになってきました。これまでサトルくんから私に話しかけてくるのは、定例会のスケジュール確認が多かったのですが、世間話が少しずつ増えてきました。

サトルくんは相変わらずなところがあり、毅然とした態度で向き合わなければいけないときもあります。ただ、私が変わったことでサトルくんも変わってきたと思います。

「人のふり見て我がふり直せ」。サトルくんとかかわる中で、大切なことを学びました。

人間関係に悩み続けたツヨシくんが求めたもの

ツヨシくんとの出会い

大学を卒業し、大学院進学を控えていたときのことです。私は、いつものように研究室でコーヒーカップを片手に、文献を読んでいました。そこに、私の恩師（ゼミの先生）が来て、「今日、高校生が来るんだけど、会ってみるか？」と声をかけられました。

私の所属していたゼミでは、子どもとかかわりながら研究を進める学生が多かったので、研究室に子どもが来るのは日常的なことでした。「どんな子だろう……」とワクワクしながら、「会ってみたいです！」と答えました。

お母さんとツヨシくんが来ました。かれこれ一時間ほどお話をしました（主に恩師とお母さんがお話されていたので、私はニコニコしながらその場にいました）。ツヨシくんは、定時制高校に通う一年生。小学校の頃に、自閉スペクトラム症の診断を受けています。勉強のことは不安だけど、それ以上に不安なことがあるようでした。それは、あり余った時間の使い方です。

通っていた高校は、毎日登校する必要はありません。週に数回・数時間の登校になります。そこで困ったのが、「時間の使い方」でした。友人と遊んだりすればいいのかもしれませんが、（後ほど詳細を書きますが）ツヨシくんは人間関係に悩むことが多く、どうしても一人で家にいる時間が長くなってしまうとのことでした。

お話をしていたとき、ツヨシくんは床を見つめたまま、こちらと目を合わせようとはせず、問いかけにはうなずいたりする程度で、ほとんど話そうとしませんでした。「話しかけないでほしい」というオーラが出ていました。ただ、それは「つまらない」とか「帰りたい」とか、そういった感情の現れではなく、初対面の人と話すことに対する苦手意識が強く、極度に緊張しているだけなのではないかと感じていました。

私の所属していたゼミでは、バーベキューやキャンプ、釣り、ボウリング、ビリヤードなど、学生がそれぞれかかわっている子どもたちと一緒に様々な行事（遊び）を行っていました。そこにツヨシくんも参加してみないかと誘ってみました。すると、ツヨシくんは「遠慮します」とやんわり断ります。

いくつか行事を提案してみましたが、同じ返事を繰り返すだけ。ただ、ボウリングに関しては、「小学校の頃に何回か行ったことがあったような……」と話すなど、まんざらでもない様子でした。

そこで、とりあえずボウリングに行ってみることにして、「これからいろいろな行事のときに声をかけるから、時間が合えば参加してほしい」と伝えました。加えて、学習支援の機会を別に設け、こちらはゼミの後輩が中心となって支援していくことになりました。

とても物静かなツヨシくん。彼と私たちの前には分厚い壁がありました。こちらから積極的にかかわることで距離を縮めることもできそうな感触はありましたが、そうすることで逆に（ツヨシくんが）離れていってしまう危険性もあると感じていました。

ツヨシくんのことをもっとよく知るために、中学校や高校の担任からお話を聞いてみることにしました。

私たちと出会う前までのツヨシくんの様子

中学校時代のツヨシくんは、「苦しい」の一言に尽きます。もちろん、学習場面での難しさもありましたが、その大半は人間関係にありました。ただ、いじめにあったとか、部活動の先生との関係が悪かったとか、そういった直接的なものではありませんでした。

ツヨシくんは、「友達ににらまれていたように感じる」「陰口を言われていたと思う」といったことを頻繁に訴えていました。担任は、ツヨシくんの訴えに耳を傾けながらも、事実確認ができず、うまく対応できないことに歯痒さを感じていました。ツヨシくんは、同級生とかかわることを極力避け、登下校や休み時間は一人で過ごしていました。帰宅すると、苦しい思いを保護者に訴えます。あまりにも苦しくなり、体調不良から不登校気味になってしまうこともありました。

中学校の頃、ツヨシくんは、週一回のスクルールカウンセラーとお話できることをとても楽しみにしていました。他の大学が行っていた発達障害児の集まりにも積極的に参加していました。自分の気持ちをうまく表現することが苦手だったツヨシくんにとって、カウンセラーの存在や自分の想いを話せる場所はとても大切なものになっていました。また、当時、親身になって相談にのってくれた担任の先生のこともとても慕っていました。

発達障害児の集まりが（諸事情により）中止されることを知ったツヨシくんは動揺し、「これからどうすればいいんですか」と珍しく激昂したそうです。

卒業が迫る中三の冬、ツヨシくんは今まで以上に体調不良を訴え、高校へ進学することへの不安をたびたび口にするようになりました。じっくり話を聞いていくと、中学校を卒業すると、そこで人間関係がリセットされてしまうと思っており、そのことをとても恐れていたことが分かりました。

中学卒業後、ツヨシくんは、自宅から遠く離れた定時制高校に進学します。定時制を選んだ理由の一つに人間関係の悩みがあったことは容易に想像がつきます。

高校に入学してからは、毎日通う必要がなくなったこと、同じような悩みを抱えて入学してきた仲間が多く、自然と気遣う関係ができたことから、人間関係で悩むことは少なくなりました。

担任の先生はよく気にかけてくださる方で、ツヨシくんは入学当初から級友のことやレポートの書き方や進め方などを相談していました。

中学校での荒波を乗り越え、高校に入りようやく心身ともに落ち着いた日々を送るようになりました。そういった中で、私たちと出会いました。

ツヨシくんのこれまでの歩みを少しだけ振り返ってみました。私たちは、社会生活を送る中で、様々な人間関係を築いていきます。当たり前ですが、関係は目に見えるものではありません。ですので、どんな関係が築けているのか、相手も同じように思っているのかについては確かめようがありません。だからこそ、居心地よく感じたり、窮屈になったり、悩んだりします。ツヨシくんは、人間関係に悩みながらも、それでもそこに何かを希求し続けてきたように思います。

ツヨシくんが求めている関係とはどういうものなのか。彼と真摯にかかわっていきながら探ってみることにしました。

なかなかつかめないツヨシくんの気持ち

先ほどお話したように、私の所属していたゼミでは、子どもたちと様々な行事を行っていました。

ツヨシくんを誘うと、「遠慮します」とは言うものの、こちらがプッシュすると参加してくれました。ツヨシくんは、誰が来るのか、どのような手段で集合場所までいけばいいのかをとても気にしていて、いつも尋ねてきました。私たちは、一つ一つ答えていました。前日には、メールで同じことを尋ねてきます。見通しが持てず不安であろうと思い、「○○さんと△△くんがくるよ」「□時□□分の電車に乗るよ」などと、丁寧に返していました。口頭でもメールでも予定を確認し、当日は自宅まで迎えに行き、一緒に移動する。そんな状態がしばらく続きました。

ツヨシくんは行事に参加してくれました。ただ、本当に楽しんでいるのかは正直なところ分かりませんでした。なぜなら、ツヨシくんはずっとイヤホンをつけたまま、なるべく私たちとかかわらないように距離をとっていたからです。

ボウリングに行ったときも、自分が投げるときだけイヤホンを外し、あとはずっとイヤホンをしたままうつむいていました。ツヨシくんの様子は気になっていたものの、とりあえずこちらからは積極的にアプローチせず、見守ることにしていました。

もう一つ気になったのは、手の甲に書かれた模様です。ツヨシくんは、毎回、油性ペンで手の甲にドクロのような模様を書いてきました。理由を尋ねても、「書きたかったんで……」と多くを語ろうとしません。

ツヨシくんがこれまで経験したことのなかった行事や初対面の人と会うときなどは、特に模様が派手になっていました。不安なことへ対処するためのお守りのようなものなのかと思いながら、嫌がるツヨシくんを無理矢理参加させているのではないかと不安に感じていました。

行事が終わったあと、ツヨシくんは「楽しかったです。また誘ってください」と必ずメールをくれました。ただ、ツヨシくんの様子は、「楽しんでいる」とは言い難く、私はメールの文面を素直に受け取ることができずにいました。

そこで、高校の先生や保護者とお会いするたびに、ツヨシくんが私たちとかかわっていることをどのように話しているか尋ねました。ツヨシくんは、自分のこと（例えば、ボウリングのスコアが○○だった）だけではなく、私たちに起こった出来事も楽しそうに話していることが分かりました。

私は、「ツヨシくんは楽しんでいるんだ」と安心しました。同時に、ツヨシくんは周りを見ていないようで見ていること、ヘッドホンをつけたり手の甲に模様を書いたりするのは緊張や不安の現れではあるけれど、それ以上に「楽しみたい！」という気持ちがツヨシくんにあることが分かりました。

語り始めるツヨシくん

ツヨシくんの変化に気づく

ツヨシくんとかかわりはじめて一年がたった頃でしょうか。行事のときは、ツヨシくんに必ず声をかけていました。事前の確認（誰が来るのか、移動手段は何か等）は続いていたものの、ツヨシくんは「遠慮します」と言わず、「ＯＫです」「予定空けときます」と快く答えてくれるようになりました。

行事の際も、ツヨシくんからボソボソッと話しかけてくれるようになりました。ヘッドホンをつけなくなったわけではありません。一緒にいる子どもが大声で泣いてしまったり、子ども同士で揉めたりしていたとき、ツヨシくんは周囲から距離をとり、ヘッドホンをつけていました。ただ、そのような姿を「つまらない」気持ちの現れと捉えるのではなく、嫌な刺激に対する彼なりの対処方法と捉えるようになり、自然と受け入れていました。そんなとき、ツヨシくんの変化を目の当たりにする出来事がありました。

いつものように集合場所に向かうため、ツヨシくんと私、後輩の三人で電車に乗っていました。車内はとても混み合っていて、ツヨシくんはヘッドホンをつけていました。私は、後輩と冗談を言い合っていました。

ふと、隣にいるツヨシくんを見ると、クスクスと笑っていたんです。騒々しい状況は苦手だけど、それでも私たちの会話が気になって、ヘッドホンのボリュームを下げていたことに気がつきました。

「えっ！　聞こえてるの？」と尋ねると、「ええ。ちょっと（私と後輩の話が）気になって……」とツヨシくんは答えました。

私たちの話が気になってそっとボリュームを下げるツヨシくんの姿を想像すると、何だか嬉しくなりました。それ以降、ツヨシくんはヘッドホンをつけることがほとんどなくなりました。

ツヨシくんは、これまでも行事の楽しかった出来事を学校や家で話していました。ただ、かかわる時間が長くなってくる中で、「〇〇先生（ゼミの先生）は大切な存在」「徹さんはお兄さんのような存在。自分は一人っ子だけど」など、自分にとって私たちがどのような存在なのかを話すようになりました。

高校では、自ら友人を誘って遊びに出かけたり、一緒にレポート課題に取り組んだりするようになりました。この頃から、ツヨシくんを知る多くの人たちが、「彼は変わった」と話すようになりました。

ツヨシくんのあたたかい人柄

ツヨシくんとかかわる中で、彼の優しい人柄に触れることがたくさんありました。それを象徴するエピソードを二つ紹介します。

一つ目は、バーベキュー会場へ向かってドライブしていたときのエピソードです。私が運転する車に、ツヨシくんとマオちゃん、後輩が乗車していました。知的障害のあるマオちゃんは、とても活発な女子高生です。初めて会ったツヨシくんに積極的に話しかけていました。「いくつですか？」「今日の朝、何のテレビをみましたか？」「○○（ドラマ名）、知ってますか？」など、矢継ぎ早に質問していました（ドライブ中ずっと）。

私は、ツヨシくんが騒々しい状況が苦手なことを知っていたので、とても心配していました。ツヨシくんは困った顔をしながら、けれどマオさんを無視することなく、一つ一つ答えていました。目的地に到着した後、私は「ツヨシくん、ごめんね。マオちゃんは楽しい気持ちがいっぱいになっちゃってたくさん質問しちゃってたね」と謝りました。すると、ツヨシくんは「あぁいう賑やかなタイプ、嫌いじゃないですよ。俺も楽しかったし」と答えてくれました。

騒がしい状況が苦手なツヨシくん。マオちゃんのことを優しく受け止め、対応をしてくれたことに、私の胸は熱くなりました。

二つ目は、私の大学院修了式のときのエピソードです。大学の卒業式と同時に行われており、会場は学生で溢れかえっていました。式が終わり、会場を出ようとしていると、遠くにツヨシくんが一人で立っているのが見えました。

急いで駆け寄り、「どうした？」と声をかけると、ツヨシくんは「おめでたいことなんで、どうぞ」と手にしていた花束を差し出しました。

私は、とても驚きました。「三月で修了する」ことは伝えていたものの、式の日程や場所は伝えていなかったからです。いろいろ話を聞いていくと、私が修了することを保護者に伝え、感謝の気持ちを伝える手段を考え、サプライズで来てくれたとのことでした。

私は、涙を堪えることができませんでした。手の甲には、いつもより大きく、びっしりと模様が書かれていました。

その手をとり、精一杯の「ありがとう」の気持ちを伝えました。

高校を卒業してから

ツヨシくんは無事に高校を卒業しました。グラフィックデザインに興味があり、専門学校のパンフレットを取り寄せ、一緒に調べていたりしたものの、最終的には自分のやりたいことがまだ見つからないという理由で進学はしませんでした。

私たちとのかかわりも、これまでは月二回程度だったのが、卒業してからは数か月に一回になりました。「(会う頻度が減って) 少し寂しい」とは言いながら、ツヨシくんはいつも行事に参加してくれました。

ツヨシくんの卒業祝いを兼ねた旅行では、飲み屋で酔い潰れてしまった私を介抱し、翌朝、「飲み過ぎはよくない!」と叱ってくれたこともありました。

また、お互いに興味のある映画が上映されたときは、ツヨシくんから私を誘ってくることもありました。会う頻度は減ったものの、かかわりの質は濃くなっていきました。

卒業してから程なくして、ツヨシくんは量販店でアルバイトを始めました。勤務態度はピカイチで、社員さんから就職することを勧められるほど信頼されていました。ただ、そこでもツヨシくんは人間関係に悩みます。バイト仲間から、いじわるをされてしまいます。

職場の人間関係について相談されたとき、私は何かいいリフレッシュ方法はないか考えようとしました。すると、ツヨシくんは「こうやって（私たちと）一緒にいることがリフレッシュになってるかな。あとは、（私たちとかかわる中で）楽しかったことを思い出してると、いつの間にか嫌なことは忘れてる」と笑っていました。

その笑顔は、「そこまで心配しなくても大丈夫ですよ」と私に語りかけているようでした。

東日本大震災が起きたとき、ツヨシくんはアルバイト先にいました。店内はめちゃめちゃな状態。お客さんはパニックになっています。ツヨシくんは、混乱しながらも冷静にお客さんを誘導しました。その日から、片道三時間以上かけ、徒歩でアルバイト先に向かいました。

なぜアルバイトを休まなかったのか尋ねると、「皆、困ってるんで。当たり前です」と話していました。自分が苦しくても誰かのために頑張ることができるツヨシくん。とても立派な大人になったと感心しました。

ツヨシくんは、「震災が起きた瞬間、最初に頭に浮かんだのは親の顔。二番目が親戚の顔で、三番目が〇〇先生（ゼミの先生）の顔だった」と話していました。私が、「僕は？」と冗談まじりに尋ねると、「残念ながら……」とツヨシくんは笑っていました。立派な大人になって、冗談も言えるようになったんだよね？　さすがです。

つながっている感覚

あるとき、ツヨシくんに私たちの存在をどう思っているのか尋ねたことがあります。ツヨシくんは「暴走族」とトリッキーな回答をしました。その理由を尋ねると、「総長は〇〇先生（ゼミの先生）。先頭を突っ走ってる。自分は五列目くらいを走ってて、隣には徹さんがいる。なんだか居心地がいいんだよね」と話していました。なんともツヨシくんらしい、味のあるたとえです。

ツヨシくんは人間関係に悩みながら、そこに何を求めていたのでしょうか。

私は、「つながっている感覚」なのではないかと思っています。

どこかに所属したり、かかわる曜日を固定したりするような目に見える形でつながるのではなく、つらいときや楽しいときにふと相手の顔が浮かんでくるような、心の中でつながっている存在をツヨシくんは求めていたように思います。

私にとってツヨシくんも同じような存在です。近いうちに、一緒に酒を飲みながら、ツヨシくんの本音を聞いてみようと思います。

学生と一緒に行う学習支援を何より大切にしたノボルくん

保護者からの相談

あるとき、知人からの紹介で、高校生のお子さんがいるお母さんから相談を受けることになりました。お母さんの悩みは、子ども（ノボルくん）の学業面でした。

ノボルくんは、とても元気で、小さい頃からスポーツ一筋。それは、とても素晴らしいことです。ただ、勉強の方がさっぱり……のようでした。

高校進学を控えた中三の冬、なんとかしなければということで、学習塾に通ったそうですが、成績が上がる前に、ストレスからチックのような身体症状が出てしまったそうです。

なんとか高校に入学し、ホッと胸を撫で下ろしたものの、今度は進級が危うい状況になってしまいました。九科目中七科目が赤点。次回のテストで、必ず挽回しなければいけません。お母さんは、

「高校受験のときのようなつらい思いをノボルにさせたくない。けど、勉強を頑張らせなければいけ

ない」というジレンマを抱えていました。

担任の先生からは、「一度、医療機関を受診することを勧められている」とのことでした。この話をしているとき、お母さんは複雑な表情をしていました。「先生からお話されたこと、お母さんはどのように受け止めていますか」と、私は尋ねました。

すると、お母さんは、「これまで（ノボルくんを育ててくるなかで）いろいろなことに不安を抱えてきました。もしかしたら……と思うこともたくさんありました。ただ、そのことを学校の先生からズバッと言われたときはショックで……」と複雑な胸中を言葉を選びながら、慎重に語ってくれました。

私は、苦しい胸の内を明かしてくれたお母さんに感謝を伝えるとともに、ノボルくんと会う前に、まずは担任の先生とお話させてもらう機会をつくってほしいとお願いしました。

学校の様子、先生の語り

数日後、担任の先生から連絡をいただき、学校を訪問させてもらうことになりました。もちろん、ノボルくんは私のことを知りません。「大学からお客さんが来た」ということで、授業を見学させてもらいました。

昼休みが終わった後の授業です。ノボルくんだけでなく、部活動に熱中しているであろう多くの生徒は睡眠学習でした。なんだか高校時代の自分を見ているようで、私はニヤニヤしていましたが、隣にいた担任の先生は鋭い視線を向けていました。

授業を参観した後、別室で担任の先生とお話することになりました。先生は、開口一番、「ノボルくんには知的障害があると思いますか?」と尋ねてきました。私は驚き、すぐに言葉が出てきませんでした。なんとか、「分かりません。どうして先生はそう思うのでしょうか?」と聞き返しました。先生は、手元にあるメモを見ながら「家の住所が書けません。アルファベットがAからZまで書けません……」などと、ノボルくんの様子を話し始めました。

あまりにも「〇〇できない」という話が続いたので、なんとも言えない嫌な気持ちになりました。そこで、「先ほどから、ノボルくんのできない話ばかりをしていますよね。ただ、彼は（部活の）スポーツの複雑なルールを理解しています。彼の周りには常に友達がいて、コミュニケーションがとれています。私には、ノボルくんが充実した高校生活を送っているように見えます。先生のおっしゃったことは事実かもしれません。ただ、だからといってそのことが障害に直結するとは言えません」と伝えました。

ところが、担任の先生は納得しません。「一度、専門的なところに行って診てもらう必要があるのではないか」と言い張ります。私は「困ったなぁ……」と思いつつ、「一応、私は専門家なのですが……」と前置きした上で、「先生に考えてもらいたいのは、知的障害の診断を受けたとして、誰が得をするのかです。保護者やノボルくんが得をするとは思えません。むしろ、本人の気持ちを追い詰めてしまうだけなのではないかと思います。大切なのは、障害の有無を調べることではなく、どうすればノボルくんが赤点を回避し、勉強はそこそこに部活に熱中できるかを考えることではないでしょうか」と伝えました。

それでも担任の先生は不満げな表情を浮かべていました。ただ、医療機関への受診を保護者に勧めないこと、私のところで学習支援を行うことには納得してもらいました。

ノボルくんの印象

ノボルくんとお母さんに大学に来てもらい、今後の学習支援について話し合うことにしました。ノボルくんはとても背が高く、凛々しい顔立ちをした好青年です。思春期特有の尖った感じはなく、人当たりがとてもよさそうな印象を受けました。彼の屈託のない笑顔から、大らかな優しい人柄が滲み出ていました。

進級が危ういことを尋ねると、ノボルくんは「困ってます」と言うものの、あまり焦っているようには見えませんでした。最終的には、「なるようになるだろう」と話していました。そのどっしり構える姿に「肝が据わっているなぁ。なんだか頼もしいなぁ」と感じていました。

学習支援を行うことにノボルくんは納得しました。部活の監督は、ノボルくんの成績をとても気にかけており、特例措置として部活を休んでもよい日を決め、学習支援を受けることを喜んでおられました。ただ、ノボルくんは部活を休むことに対して首を縦には振りませんでした。

「部活には絶対出たいです。仲間に迷惑をかけるんで」と譲りません。ノボルくんの熱い想いが伝わってきました。そこで、部活の合間を縫って学習支援を行うことにしました。ノボルくんには、「大好きな部活を目一杯行うためにも、勉強をほんの少しだけ頑張ってみよう」と伝えました。

話し合いには、私のゼミに所属する学生も参加していました。事前に、ノボルくんの学習支援を担当してもらうことを（ノボルくんと気が合いそうな）学生にお願いしていました。ノボルくんに学生を紹介し、しばらく二人で話をするように伝えました。すると、私の読み通り、ものの数分もしないうちに二人はすっかり意気投合していました。

学習支援は、二週間に一回、二時間程度、大学の教室を使って行うことにしました。基本的には、学生が学習支援を行い、時間が合えば私も参加し、様子を見守っていました。

学習支援を行うにあたり、学生には、①ノボルくんがどんなところにつまずいているのかを知ること、②ノボルくんの人となりを知ること、③「あー、楽しかった」と毎回思ってもらうこと、の三つのミッションを与えました。

②と③については、「勉強しているだけでは、決してクリアできないから、たくさん遊んで仲良くなれ！」とアドバイスしました。

学習支援を開始してから

ノボルくんと学生の様子

ノボルくんは、筆記用具やノートを全て忘れてくることがたびたびありました。「家を出て、途中で忘れていることに気づいたんです。ただ、まぁ、なんとかなるだろうと……」と笑顔で話すノボルくん。「おいおい」と言いながらも、「そうだろうと思って、用意しておいたよ」とノートとペンを渡す学生。二人の掛け合いはとてもおもしろく、学習支援はいつも明るく穏やかな雰囲気に包まれていました。

ノボルくんの学力レベルを調べるために、漢字や英単語に関する簡単なテストを行いました。どれも成績はよくなく、小学校レベルの漢字や中学校一年生レベルの英単語が書けませんでした。算数の文章題を解くことも難しく、学生が解説してもお手上げ状態。ノボルくんは、「どこが分からないかが分からない」と話します。実際に身についている学力のレベルと授業で行っている内容にかなりの開きがあることが分かりました。

本来であれば、基礎の基礎を固めていくところから始める必要があります。ただ、そんなことをしていても赤点を減らすことはできません。そこで、定期試験範囲に絞り、特定の教科ではなく点数が取れそうなところを探し、そこを重点的に教えるようにしました。

これまでのノボルくんの様子から、言葉からその意味をイメージすること、複数の情報を記憶しておくことが苦手だということが分かりました。

そこで、前者については、例えば「磨製石器と打製石器」の学習では、タブレット端末を用いて実際の画像を見せながら解説するなど、言葉と意味を結びつけやすくするように工夫しました。

後者については、例えば、数学の公式などは、テストが始まる直前まで心の中で唱え続け、テストが始まるとすぐに問題用紙の余白に記入させるなど、点数がとれるように解答テクニックを教えました。

その他には、英単語を動作つき（例えば、appearという単語と「現れる」という意味を覚えるとき、単語の意味を教えた後で、「いないいないばぁ」の動作を行いながら単語を唱えるなど）で覚えるなど、少しでも得点がとれるように試行錯誤しながら学習支援を行いました。ちなみに、ノボルくんは英単語を動作つきで覚えることがおもしろかったようで、家でも自主的に英単語の勉強を少しだけ行うようになりました。

学習支援以外のかかわり

学習支援だけでなく、ノボルくんの人となりを知るために、部活の休みの日を狙って、いろいろなところに出掛けました。女子高生に大人気のカフェを調べ、男四人（そのうちおじさん一人）で乗り込んだときはさすがに気まずかったのですが……。魚がよく釣れるという秘密のポイントにも行きました。ノボルくんと学生の共通の趣味が釣りだったこともあり、二人でよく釣りに出掛けていました。

学習支援を開始してから数か月たった頃、定期テストがありました。結果は、赤点が九科目中七つから四つに減りました。これまでノボルくんは、定期テストに関して、「頑張る」「一生懸命やる」などと抽象的な目標を口にしていました。

ただ、次回は「クラスの誰かを必ず抜きたい」と具体的な目標を立てました。成功体験をしたことで、学習に対して前向きな気持ちになっていることがうかがえました。

最終的に、赤点は二つになりました。無事に目標を達成したところで、そろそろ一年が終わろうとしていました。

できるからやりたいのではない

私は、学習成果が出てきたことに、確かな手応えを感じていました。この調子でいけば赤点はなくなるだろうと思っていました。きっと、ノボルくんも同じ気持ちだったと思います。

ノボルくんの学習支援を担当してくれた学生は、無事に教員採用試験を合格し、大学を卒業することになりました。私は、後任の学生を探そうと、ノボルくんと気の合いそうな学生を何名かピックアップしていました。

卒業を間近に控えた学生との最後の学習支援のとき、「来年度、人は変わるけど、学習支援を続けよう！」と、私は提案しました。すると、ノボルくんは黙ったまま。返事をしません。「とりあえず、よく考えてね」とだけ伝えました。

後日、お母さんから「（ノボルくんが）学習支援を継続したくないと言っている」「どんなに続けることを勧めても、自分の意見を曲げようとしない」との連絡がありました。このことをノボルくんに確認すると、その理由を、「○○さん（卒業した学生）ではないから」と話していました。本人の意思を尊重しないわけにはいかず、仕方なく学習支援を終了することにしました（困ったらいつでもフォローすることを念押しして）。

それから数か月たち、夏の暑い日の出来事。知人から「ノボルくんの（最後の）部活の大会がある」ことを聞きつけ、私は応援に行きました。あまりの暑さに日陰を探して会場をウロウロしていると、卒業した学生を見つけました。学生は、ノボルくんの勇姿を目に焼き付けるために、片道五時間かけて車を運転してきていました。「この後、食事でもどうだ?」と誘うと、学生は「すいません! 明日、勤務なんですよ。試合が終わったら帰ります」とニコニコしながら話していました。

私は、学習成果が出れば誰でもやる気が出ると思っていました。けれど、それは間違っていることをノボルくんが教えてくれました。ノボルくんは(卒業した)学生がいたからこそ、苦手な勉強に向き合うことができたんだと思います。

「支援する者と支援される者」といった関係ではなく、きっと彼らは、人と人として向き合い、互いの人間性に惹かれ合う関係になったんだと思います。

「○○さんとなら、一緒にやりたい」。そう思わせるような関係づくりが何よりも大きな「やる気スイッチ」であることを学びました。

「話したい。変わりたい」と願い続けたリナさん

きっかけ

ある地域で発達障害に関する研修会を行った後、その研修会に参加された高校の先生からメールをいただきました。私は、学校の先生方とのコミュニケーションを大切にしたいと思っているので、先生方からいただいた質問や意見に対して、必ず返信するようにしています。

メールの内容は、「場面緘黙の生徒（リナさん）を担任している。本人は『話したい』と訴えるが、どうしていいか分からない。支援方法を教えてほしい」というものでした。さすがに「〇〇したら話せるようになります」などと無責任なことは言えません。

そこで、そのことを正直に伝えた上で、「どのような支援ができるか探りたいので、一度、リナさんに会わせてもらえないか」とお願いしました。早速、日程調整をしていただき、学校を訪問することになりました。

リナさんとの出会い

厳しい暑さの残る八月下旬、私はリナさんの学校を訪問しました。学校内を一通り見学させてもらった後、まずは担任の先生とリナさんのお母さんからお話を伺いました。

リナさんは、小さい頃から引っ込み思案な子で、周りの子どもたちと馴染むのに時間がかかったそうです。場面緘黙の症状が見られるようになったのは、小学校低学年から。きっかけは、同じクラスの男子児童がリナさんの話し方をからかったことでした。その頃、当時の担任の勧めもあって医療機関を受診し、医師から「場面緘黙の傾向がある」と伝えられました。

小学校・中学校ともに場面緘黙の症状は継続しました。特に、男子児童や男性教員に対して過度に緊張してしまうため、その場から動けなくなることもありました。ただ、特別な配慮は受けてきませんでした。

高校では、担任の先生とクラスメイト数名とは小声で話していました。その他の人とは、筆談でコミュニケーションをとっていました。学校行事の際は、無表情になり、その場から動けなくなってしまうこともありました。

担任の先生は、リナさんのことをとても心配し、定期的に個人面談を行い、学校生活上の悩みを聞いていました。その際、リナさんから「私は話したい」「変わりたい」との訴えがあるとのことでした。

担任の先生とお母さんからお話を伺った後、私はリナさんと会いました。リナさんは無表情でうつむいたまま、私と視線を合わそうとしませんでした。名前を尋ねると、一分以上沈黙が続きました。「男性が苦手で、しかも初対面の私と話すのはハードルが高すぎたかな……」と少し反省し、カバンから筆談用のノートを取り出そうとしました。そのとき、ぎりぎり聞き取れるような小さな声でリナさんは名前を言いました。

私は、嬉しくなりました。と、同時に、左腕を右手でぎゅっと握り、絞り出すように話す姿を痛々しくも感じていました。

「リナさんが望むなら、お話ができるようにお手伝いするけど、どうかな?」と尋ねました。リナさんは声に出して返事はできなかったものの、しっかりと私を見つめ、大きくうなずきました。

必死に声を出そうとする様子から、リナさんの並々ならぬ決意と覚悟が伝わってきました。その想いに応えられるように、しっかり向き合っていかなければならないと思いながら学校を後にしました。

オンライン面談を始める

定期的に大学に来てもらって面談を行うのが望ましいのですが、リナさんの自宅から大学まではかなりの距離があり、現実的ではありませんでした。そこで、学校の協力を得て、週に一回、放課後に学校の一室と私の研究室をつなぎ、オンライン面談を行うことにしました。

オンライン面談では、使用していたアプリケーションにチャット機能があり、話しづらくなったらチャットに切り替えようと考えていました。

面談では、毎回同じこと（今日はどんなことを勉強したか、週末はどのようにして過ごしたか）を質問するようにしました。そのことをリナさんにも伝えていました。

加えて、場面緘黙の症状が出る場面を一つ一つ取り上げ、どのくらい不安や緊張が強いか、どのようなときに少しだけ気持ちが楽になるのかを話し合いました。

リナさんは、初回の面談のときから（時間はかかったものの）声を出していました。表情は固まったまま、なんとか声を絞り出そうと必死になる姿は、画面越しでも私の心を打つものがありました。

私は、「話したり、話せなかったりを繰り返すだろう。長期戦になるかも……」と予想していました。そのために、チャット機能を用意していましたが、杞憂に終わりました。

面談も回数を重ね、少しずつリナさんの表情に柔らかさを感じるようになってきました。話し出すまでの時間も短くなり、スムーズに会話が進むようになってきました。ポジティブな変化が見られてきたことから、面談に学生を加えることにしました。

いつものように私と少し話した後、学生が面談に加わり、三人で自由に話をします。リナさんには、事前に学生が参加してくることを伝えていました。ただ、いざ学生が参加すると、リナさんは無表情のまま、何も話さずに固まってしまいました。後日、緊張していたのか尋ねたところ、「何を話せばいいのか分からなかった」とリナさんは話しました。

そこで、学生が面談に加わる前に、どのようなテーマで話すか、どのようなことを質問すればいいのかを一緒に話し合うことにしました。すると、次回の面談からは時間はかかったものの、自分から話すことができました。徐々にリナさんは学生と打ち解け、談笑する時間が増えてきました。

どのような方向で支援すべきか

面談後には、毎回振り返りシートに感想を書いてもらっていました。最初は、「時間はかかったけど話せた」「今日は詰まらずに話せた」など、話すことに焦点を当てた感想が多かったものの、学生との会話を行う中で「楽しかった」「学生の新たな一面を知れた」など、活動を楽しむ感想が増えてきました。リナさんの中で、面談に対する意識が「緊張するもの」から「楽しいもの」へと変わってきたのではないかと私は感じていました。

面談の経過は順調でした。予想以上にうまくいっていました。ただ、私は、次の一手をどうするか悩んでいました。

場面緘黙の支援では、話せる場所や人を増やしていく、「拡げる支援」がセオリーになっています。そうなると、次の一手は、もう一人学生を面談に加えて話をさせることになります。

ただ、そんなことをして、たとえ話せるようになったとしても、リナさんはこの面談を「楽しかった」と振り返ってくれるだろうか。私の中で葛藤がありました。

しばらくして、出した答えは、このまま三人での会話を続ける、でした。今よりももっと学生と仲良くなり、「話せた」ではなく「楽しかった」と言ってもらう、「深める支援」を行うことにしました。

その後、学生とリナさんの会話は弾み、笑い声の絶えない面談が続きました（途中から、おじさん〔私〕はガールズトークを聴いて、ただニコニコしているだけでした）。二人は連絡先を交換すると、カラオケやショッピングに出掛けるようになりました。

ブレーキをかけることも支援者の役目

面談が始まって半年ほどたった頃、担任の先生から、リナさんが授業中に発言したり、部活で友達に話しかけたりするようになってきたと連絡がありました。

そのことを本人に確認すると、「できそうな気がしたから、（一緒に考えた）緊張しないで話せる方法を試してみました」とリナさんははにかみながら話してくれました。

「これはいい機会だ」と思い、不安や緊張が低い場面から対処法を試してみることを提案しました。すると、リナさんは、水を得た魚のように、いろいろな場面で話すようになりました。リナさんのあまりの変化に担任の先生やお母さん、もちろん私も呆気にとられていました。

少しうまくいかないことがあっても、その場面を一緒に振り返っていると、「次はできそうな気がします」「次は絶対大丈夫です」など、リナさんの口からポジティブな言葉が続きます。

ただ、私はとても心配していました。リナさんは話せるようになってきたことが嬉しくて、次々とトライしようとします。一方で、不安や緊張がゼロになったわけではありません。どこかで溜まったものの反動がくるかもしれません。そこで、「そんなに頑張らなくてもいい」「ゆっくりでいい」ことをリナさんに伝え続けました。

その後、リナさんから「もう、話せるので大丈夫です」という心強い言葉があり、面談を終了しました。

子どもの気持ちに寄り添いながら、ときに励まし、ときにブレーキをかけてあげる必要があることをリナさんが教えてくれました。

リナさん、あなたの「変わりたい」という強い気持ちがあなたを変えたんだよ。ただ、焦らなくても大丈夫。ゆっくり前に進んでいこう。

あとがき

執筆に取り掛かる前は、本当に書けるだろうかと、とても不安でした。ただ、一人ひとりの子どもとのかかわりを振り返る作業は、昔にタイムスリップしているような感覚もあり、途中からはニヤニヤしながらパソコンに向かっていました。

執筆に行き詰まったとき、思い切ってツヨシくんと連絡をとり、八年ぶりに会ってきました。私は青年からおじさんへ、ツヨシくんは少年から青年へ変わっていて、時間の流れを感じました。ただ、話していると、やっぱりあの頃と同じツヨシくんがいました。「こうして話していると八年ぶりだとは思えない」「今でも、徹さんのことをたま〜に思い出します」。たくさん話して、たくさん笑いました。

お互い容姿は変わってきたけど、ツヨシくんが求めているものは変わらないことを再確認できました。本書の方向性が間違っていないことを確認できました。近々、あの頃のメンバーで温泉旅行に行く計画を立てようと思います。

私は、自分を肯定的に捉えることが苦手です。子どもとかかわった後、「もっと○○すればよかった」「自分じゃなかったら、もっといい方向に持っていけたんじゃないか」と、思い悩みます。

一〇〇点満点だったことなんて、一度もありません。

だからといって、投げやりになるわけにはいきません。目の前にいる子どもは、私を頼りにしているからです。私はそれに応えなければいけません。五感をフル活用して、向き合うようにしています。

私が学生だった頃は、今よりも「自由に」子どもとかかわることができていました。夕方から子どもとかかわっていたときは、その家庭にお邪魔して夕飯をご馳走になることは当たり前で、お風呂までいただくこともしばしばありました。子どもとかかわることで、多くのことを考え、学んできました。

時代は流れ、今、そのようなかかわりを学生に勧めることはできなくなってきています。学生が移動中に事故に遭ったら誰が責任をとるのか、子どもがケガをした責任を学生がとれるのかなど、いろいろなことが問題になります。そういった責任問題が取り上げられてしまうと、何も言えなくなってしまいます。

少し時間はかかるかもしれませんが、子どもと「自由に」かかわる機会をつくり、そこに学生を巻き込んでいきたいと考えています。これからも、子どもとかかわることを大切にしながら、発達や障害を考えていくスタイルを貫き通したいと思っています。

本書に取り上げた子どもたちと保護者に感謝いたします。これからも、君たちの明るい未来を願い、ひそかに応援していきます。

恩師である東北大学大学院教育学研究科の野口和人先生には、私が高校生だった頃から今まで、本当に長い間、多くのことを学ばせていただきました。野口先生は、「子どものミカタが重要なんだ」と、よくお話されていました。今、同じことを学生に伝えています。これからも、野口先生のように目の前の子どもと真摯に向き合う研究者であり続けたいと思います。今後とも、よろしくお願いいたします。

東北学院大学教養学部の平野幹雄先生からは、多くの助言と激励をいただきました。気の利かない後輩ですが、これからも仲良くしていただけますと幸いです。

東洋館出版社の大場亨様に感謝いたします。執筆経験のない私に、「トオルコンビで頑張りましょう」と言っていただいたことは、何よりも心強かったです。ありがとうございました。

令和五年三月　まだ雪深い鳥海山の見える研究室にて

鈴木　徹

発達障害のある
子どもに寄り添う
大切な「ミカタ」

2023(令和5)年6月8日　初版第1刷発行

著　者
鈴木　徹

発行者
錦織　圭之介

発行所
株式会社東洋館出版社
〒101-0054　東京都千代田区神田錦町2丁目9番1号
コンフォール安田ビル2階
代　表　電話03-6778-4343　FAX03-5281-8091
営業部　電話03-6778-7278　FAX03-5281-8092
振替　00180-7-96823
URL　https://www.toyokan.co.jp

印刷・製本
岩岡印刷株式会社

装丁・本文デザイン
木下　悠

ISBN978-4-491-05214-4
Printed in Japan